PAISAJE EN FONDO GRIS

PAISAJE EN FONDO GRIS

FERNANDO OPERÉ

Valparaíso
EDICIONES

Número 476 de la Colección VALPARAÍSO DE POESÍA
dirigida por FEDERICO DÍAZ-GRANADOS

Primera edición: abril de 2025

© De los poemas: Fernando Operé
© Diseño de portada: Fernando Operé

© Valparaíso Ediciones
  C/ Fray Leopoldo, 7 bajo, 18014 Granada
  www.valparaisoediciones.es

  ISBN: 979-13-87538-37-8
  Depósito Legal: GR 361-2025

  Impreso en España - *Printed in Spain*
  Gráficas Gami

PAISAJE EN FONDO GRIS

ÁLBUMES DE FOTOS

En una esquina, rezagada la voz,
un rostro emana del retrato,
me observa inmóvil,
se escucha una música lejana
como un cadencioso golpe de viento.

Aquel día incierto de la foto eché a volar
y di algún salto imprudente en el vacío.
Caer sobre una acera carece de heroísmo.
Al final sobrevive el alma en pena
y algunos arañazos.
Cerré los ojos
para sentir prístinos los latidos del corazón.
Se va cansando y se muestra
menos belicoso.
Ya quisiera sentir su pasión desmedida
zarandeando la pulsación del amor.

La nostalgia se alimenta
de álbumes de fotos.
Señalo con el dedo otro rostro,
tan de ayer, tan joven y jovial.
Sonríe a la cámara
y me hace un guiño de complicidad
para animar la ruta.

Soy la siguiente víctima
de la carne extenuada.

Queda, si es que queda,
el dibujo confuso en la memoria
adherida a la instantánea.
Preñados nubarrones atraviesan
las flores del parque
sobre fondo gris.

NACIMIENTO

Era octubre y esperaba mi turno.
El recuerdo es incoloro
y el parto una flecha de tiempo irreversible.
En los ojos de la madre
se adivinaba un milagro.
El padre regresaba gozoso de un día de fútbol
y no mucho más.
La madre sostenía el vientre
y la incertidumbre de los párpados.
Los hermanos observaban expectantes
al bebé nonato en un futuro
de juegos y temblores.
Todo ocurrió como ocurren los partos,
sangre de vida y jugos de placenta.

Ahora ya tengo horas e historia.
Me molesta celebrar el cumpleaños
porque confundo los recuerdos y la casa.
Ellos no están y yo me he ido tan distante
como si nacer hubiera sido un sueño
ajeno a mis huesos y mi estampa.
Los versos brotan y dan brillo
a la incógnita que es vivir.

LA CASA DEL PUEBLO

En la casa de la abuela
la imagen sangrante
de un Cristo Nazareno
vigilaba los pasos en los pasillos
cargándonos de culpa
o quién sabe qué falta.

La abuela, de huesudas manos,
giraba los dedos
sobre las cuentas de un rosario
y rezaba como se pisa el barro.

En el zaguán de aquella casa solariega
se guardaba la antigua voz de las campanas.
Casa de labriegos aplastados por la sequía
que ni da tregua ni aminora el azote.

En las grandes tinajas, las ratas
hacen su nido y guardan la escasez
mientras los frutos languidecen
arrasados por el sol tirano.

Los muros y la higuera
regresan a un tiempo
que no fue el mío.
Yo me crie abrazado a mis brazos
y poco más.

No sé suspirar, no es mi gesto,
ni lamentar mi costumbre.
Al pasado ya le di su parte de nostalgias.
El futuro se queda corto
cuando se cuentan los años.
Al poema le cuento
lo que no entiende mi corazón
aún joven y harto aventurero,
como barco en la mar
y caballo en la montaña.

A Federico lo recito en mis paseos.

PAISAJES DE INFANCIA

Cerca del río y el puente viejo
habitaban los gatos en sus paseos nocturnos.

Algunos, sarnosos, acababan
en el fondo del río
navegando zanjas oscuras.

Yo me preguntaba cómo sería
seguir la corriente hasta el mar.
Allí los peces persiguen
estelas de plata
bajo cielos acuáticos.

Cerca de los ojos del puente
aguardaban los murciélagos
para adueñarse de la oscuridad.

Yo imaginaba en mis sueños
los pechos de Lucía bajo el corpiño
y despertaba con todas las cosas
que le sobran a la noche.

Pensaba cómo sería volar
a lugares donde enterrar mi corazón,
lugares que no existen y perduran
en los recuerdos de gatos ahogándose
bajos los arcos del puente
y murciélagos aguardando la noche
para darse un festín.

QUEHACER DIARIO

Me levanto cansado
de lidiar con el insomnio.
El desorden de la vigilia
criba los fantasmas de la noche
y la sed que me abrasa.
Cuando los recuerdos no sanan,
todo se pudre.

A la noche me acuesto
amnistiado por la edad.
Cierro los párpados
y me ofrezco a la muerte.
A la vida le dedico
mis mejores veinticuatro horas
y algunos minutos de propina.
Hago lo que mejor sé hacer,
vivir sin tapaderas.

FOTOS DE LA GUERRA EN BLANCO Y NEGRO

Ella dijo "no queda ni el olor,
en la despensa, páramo de insectos
y seres oscuros del bajo mundo".
El calzó la boina
y salió al descampado
de las calles erráticas.
A lo lejos truenos
y una marabunta de fusiles.
Volvió con las manos llagadas
y acidez en la lengua.
Aquella tierra desprovista
no aguantaría el diluvio.

En las calles,
perros escuálidos.
En las tiendas los cerrojos
de presagios de la nada.
En el país temblor.

La estampida no se detuvo
en el parque del Oeste
y siguió más allá de los barrios.
Los motores se oían más cerca.
Era el verano de 1936,
ella con su fusil y la desesperanza.
Las bombas recordaban
los días de feria y traca.

Regresó con la mirada humedecida
y el estómago cargado de metralla.
Sobreviven unas fotografías
cuarteadas en blanco y negro.

EL LLANTO

A ninguno de los muertos
de mi juventud les lloré
por no traicionar a la alegría.
Tan suficiente mi orgullo
y mi trote.
Ahora, tras tantos años de sequía,
me toca llorar,
hay tantas razones para hacerlo,
pero no puedo.
Las lágrimas se atascan.

En Gaza han muerto 40,000
almas, como tú y como yo,
como el vecino de enfrente,
de hambre, desidia y olvido.

No portaban nombres. Son rostros.
No les puedo llorar sin apellido,
ni nombrar sin rostro.
Busco trazos de historia
que den sentido,
algún olor a olivo,
una ramita, algún jilguero,
un paisaje hermanado con Jerusalén la Antigua,
Palestina y Líbano.
No los sé llorar y me seco.

Retrocedo al álbum familiar, mis muertos.

Alguna coincidencia habrá,
un breve instante
en que sus rostros severos
inicien el gesto del llanto justiciero.
Sé que les debo una oración
empapada en lágrimas.

Ahora que me duelen los párpados
y el mundo hace inequívocos gestos
de la hora del llanto colectivo,
me pregunto
¿quién aguantará otro desierto?

MIS PERTENENCIAS

Yo también tuve tormentas,
cuadernos y compases.
Tuve un cielo pequeño
y una infancia arañando
palabras al humo.

Tuve un plumier,
un padre hecho de amor
que nunca se rompía, alto y fuerte,
tan todo lo que la infancia imagina.
Tuve una casa y un circo,
fieras en jaulas, trapecistas,
cuentos e imposibles hazañas.

Tuve una novia, un beso, un día de gloria,
un cuarto sin persianas,
un firmamento pegado en el tablero
y un deseo infinito.

Un día llegó la oscuridad, se fue la infancia,
se fue mi gato, mi comba, mi patito feo
y lo que resta son vestigios
de promesas.

Ahora y digo ahora, tengo un sillón,
una mesa, un libro y una taza,
un paisaje en fondo gris,
un sosiego acurrucado a mis pies

del que espera poco,
aunque el amor no se doblega.

DIBUJOS DEL HAMBRE

Domingo de octubre.
Las cabezas humilladas se hacinan
por la calle aquella del barrio aquel.
Sol de suburbio y nubes de pañuelos.
Gritos de victoria en un día de derrotas.
Las sonrisas, como una mueca triste,
se detienen al llegar a los portales,
cruzan los pasillos y observan
el polvo de las despensas.

13 de octubre, mal augurio.
La madre destila el sudor
y el arrebol de las lágrimas.
Con ellas y el polvo hace pan.
Es una joven madre
floreciendo en medio de un parto
con matrona y arabescos de perlé
filtrando la mortecina luz de la tarde.
El padre pasea su impaciencia y reza.
No sabe qué otra cosa hacer.
El periódico también se rinde
al peso abrumador de las noticias.
Una guerra acabó y otra se inicia.

De aquel resplandor nada recuerdo,
ni del estrecho pasillo materno
ni de la vida al final del túnel.
Aquel octubre, la malherida España

en que vivió mi ignorancia,
fue expulsada del universo que dialoga.
No llegarían las ayudas médicas
ni el calor de los hornos.
Los voluntarios de las guerras
se hacinan en los hospitales anti-tuberculosis.

La hermana quiere conocer
al hermano recién nacido.
Una lámina cubre sus ojos
y anuncia la vaguedad de las formas.

A la boca llega el flujo cálido
de leche materna. No precisará
por un tiempo del pan candeal de las tahonas.
Los pechos le protegen del hambre
que se filtra en las buhardillas y las alcobas.
La Guerra Mundial ha dejado
30 millones de muertos,
desclasados, desahuciados,
víctimas del horror y la locura.
Comenzaban los años del hambre.

MANHATTAN Y PINK FLOYD

Música de New York en la tarde,
clamor de cercana elocuencia,
Pink Floyd en el aire.
Ese fue el día y su música.

Murmullos en París con aguacero
antes y después de mayo.

Londres con humo de niebla
y oscuridad en los vagones.

Atocha despertando al ruido.
Pavor de lo que no se espera,
lo que puede ocurrir y mata.

Vivir es un asunto día a día negociado
que persevera en la pupila
cuando el cuerpo deserta de sus funciones.

Un nubarrón se acerca,
el explosivo en un tren, en un avión
en la cumbre del espanto
por el amor de Alá u otro profeta,
por su resentimiento.
Matar y desagraviar
al más alto edificio del corazón de Manhattan.

Atrévete, ven y atrévete, muere conmigo
entre aturdimiento y polvo.

Si eres capaz enciende esa mecha
y entra en el infierno.

Porque yo estuve allí en aquella iglesia
donde colgaban fotos
de los que cayeron de las cumbres,
y fueron enterrados
entre columnas de acero, cemento y alquitrán
junto a los uniformes de los bomberos
que intentaban subir y no subieron,
y las promesas de paz antes del postrer día.

Porque yo fui testigo o alguien lo contó.
¿A quién culpar,
a los que miran sonrientes o lloran
en las aceras al ser querido?
¿a los que no aman,
a los que nunca han sabido amar,
a los que tienen hambre o les mata la gula?
¿a los defenestrados en este siglo
del que recuerdo la letra pequeña?

La sombra del tiempo y Pink Floyd en New York
cicatriza las heridas y su parte penitencial
mientras las llagas supuran
o apenas sanan.
Amén.

VIAJE A MADRID

Desde que dejó el pueblo
supo que el camino sería largo,
como viajar a Ítaca.
Madrid le parecía un milagro
o un bazar de las maravillas.

Sin transición despertó al olor
de las cloacas y las bajas pasiones.
Las ciudades esconden
tras las bambalinas
la triste realidad de un escenario
donde se representan las tragedias
y lloran las heroínas.

Ya habría tiempo
para despertar al amor
y la alegría de las calles.
No pensó que años después
serían frontera de la muerte.

De a poco el cabello
se tornó gris
y los pies se invirtieron
por el roce del camino y la artritis.

Al final le vencieron los recuerdos.
Había oído que en la ciudad
se escucha el canto de las sirenas

y decidió iniciar un viaje homérico
sin retorno.

EN MI PRIMER WASHINGTON

En Washington sentí la soledad
como un pez en la arena.
Con las manos clavadas en los bolsillos
recorría una ciudad sin clemencia,
inmaculada en sus mármoles
y ajena en su gesto.

El invierno es una losa fría
que ni perdona ni atiende a sus hijos.

Una tos se encabalgaba a otra.
No entendía las voces.
Los pies pisaban sin dejar huella.
Soñaba con las amapolas
en los trigales y antiguos besos
bajo el sol del estío.

Cuando un recuerdo muere
los ecos no bastan.
Se fue el que cantaba,
el que convocaba las voces,
el pregonero de todos los amores y aventuras,
el que decía esta lengua es mía.

Lo entendí en Washington,
en mi primer destierro,
cuando la neblina desdibujaba los rostros
y estremecía el corazón.

Tan extraña la música
y heladas las alcobas.
Entonces comprendí
la desventura del exilio,
diáspora del abandono universal.

Sufrí la soledad
como un bocado en el pecho,
hielo en la noche,
y quise saber de la amnesia
de los que duermen perdidos
en un Atlántico de monstruos y desidia.

EL RELOJ DEL ABUELO

A Pedro Larrea

El abuelo se levantaba a la hora,
despertaba cuando su reloj interno
le avisaba puntual.
Desayunaba a la hora,
se ponía la boina
y saludaba a la mañana
cuando sonaba la hora.
Compraba un cuartillo de tinto
y el periódico a la hora fijada.
Era un ser que cumplía la voluntad
con el trabajo, aficiones
y las premuras de las entrañas
siguiendo el derrotero de las horas.
Dejó el pueblo y se fue a la capital
cuando debía, se casó puntual
y tuvo tres hijos a la hora.

Lo alistaron en la guerra de los generales
y vio derrumbarse el Parque del Oeste
donde sus hijos jugaban
en las torrenciales tardes del verano.
La contienda bélica le pilló a deshora
y se desorientó por un tiempo
entre obuses y hortalizas.
Cuando la paz por fin llegó
pensó que era la hora de festejar.

Envejeció con calma,
entre las tabernas del barrio
y el calor de los suyos
según las esferas daban la hora.

Sus ojos se cerraron ni antes ni después,
según los designios de la muerte.

Miró el reloj,
sonrió a la enfermera,
y supo que era la hora.

EL DELANTAL

El patio reposaba sangrante
de frutos de amarga dulzura.
Llagas de Cristo en la arena,
qué otra cosa podría ser.
La religión anega las almas
con sus miedos e incógnitas.

Todo ocurrió en un parpadeo
como la vida cuando se contempla
desde el olvido.

Europa gruñía y se engolfaba
en decretos y llamas.
El padre rezaba a su Dios
esperando una mano protectora.
Para otros, las oraciones se dirigían
a la hoz y el martillo.

La viuda rezaba al esposo
segado en el frente.
Vallejo levantaba su dedo colérico
cargado de metáforas.
En el barrio de Argüelles los poemas de Neruda
rebotaban buscando el mar.

Alguien, en Los Álamos, fantaseaba
con salvar el mundo
con la atómica incógnita,
grotesco sueño de generales y sabios.

La madre se ajustaba el delantal
y contaba las alubias y el pan sin sal.
El terremoto se extendió hasta este siglo.

La historia la cuentan hoy los descreídos.

LA DESPEDIDA DEL PADRE

Su cuerpo erguido
se tronchó como caña dulce
a la edad en que
florecen los trigales
y blanquean los almendros.

Fue una tarde de sol
cuando la tierra exhala fortaleza,
las aves inician el cortejo
y cantar es de rigor.

Un zarpazo lo batió
y el cuerpo se derrumbó sin terremotos.

Cada cual sugirió un remedio
de agua, aspirina, descanso,
dieta de agua y sal.
Pero el mal estaba oculto
en algún laberinto de la sangre
o quién sabe qué escondrijo.
Recurramos a las plegarias,
dijeron otros, una oración
a la virgencita aquella.

En el cielo las nubes
equinocciales señalaban tormenta.
El río languidecía en mansedumbre
y arrastraba detritos.

La melodía en la radio
recordaba a Sinatra
y un mundo brillante
y ajeno

Un golpe desde una escalera
en un verano de fuego,
después de rezar y lavarse las manos,
en la plenitud del sexo.
La casa quedó habitada por la ausencia

Comenzaban los días del llanto.

QUIZÁS SIRVA PARA POETA

A Nieves García Prados

Ni nací poeta ni valgo
para otro oficio.
Para vivir, quizás, ¿basta con eso?

Pensé llegar al cielo
y descubrí la burla dantesca
del clamor de las sotanas.

Me despedí de la infancia
y a penas recuerdo algunos actos,
el primer beso y un resplandor
de luz conviviendo con un niño.

Corrí de un lado a otro
sobre mis cuatro extremidades
dando golpes al empedrado
y llamando a mil puertas.

Para poeta, ¿basta un cuaderno,
el deseo sin forma
y algunos versos mal parados?
Sigo sin entender el mundo
y los vértices de lo incógnito.
Los días son vigías
por donde transcurre el tiempo.
Yo, por si acaso, escribo.

SOY UN PUÑADO DE OCTUBRE

Será como un agudo dolor
en ningún sitio.

Como un mapa vacío
de montañas y barcos.

Como una lluvia sin agua
y una espera sin reloj.

Como si todo eso y más
fuese la vida
tan torpemente ejecutada
por los diseñadores.

Y si la sangre brota
que sea hasta la última gota
o hasta que una boca animal
la absorba con la lengua
y el labio glotón.

Será que ya no recuerdo
el origen y anticipo el final.
Será que el miedo
a un corazón marchito
enturbia la pujanza
que ayer catapultaba mis mañanas.

Será que hasta el final de los días
habrá que hacerse
estas preguntas cardinales.

Soy un puñado de octubre.

PAISAJE EN UNA COLINA

En el lienzo, una joven tumbada
en los trigales mira la casa en la colina.
No puede alzarse, ni sostenerse puede.
Sus piernas no responden
y su belleza salvaje es una escena
que alguien dibujó y no hay reproche.
La pintura es un vigía
por donde no pasa el tiempo.

OLVIDOS

A Sara Operé Lora

Cuando las palabras significaban nada
ella cantaba.
Cuando el café y los dulces
perdieron su sabor,
ella lamía la herida antigua
con regusto a hueco,
a oscuro túnel de presagios.
No mucho más.

Cuando el día amanecía
ella se cubría de noche
y repetía las jaculatorias
que algún día aprendió
y no olvida.

Cuando ya no recordaba rimas
lloraba y las lágrimas
regresaban a la infancia.

Cuando la hora era de partir
ella se tiznaba en el incoloro olvido.

Era un estado glacial
de la ignorancia,
volver a no ser
en un lugar vacío del espejo.

DÍAS SIN MARCO

No todos los días tienen nombre,
y ninguno apellido.
Algunos se escurren en el fregadero
y no alcanzan el anecdotario del tiempo.
Desaparecen sin hacer ruido,
sin cortinas ni aplausos.

Otros supuran
marcando un momento,
y acompañan los años
sin que borrarse puedan.

Ahora que es tiempo de biografías
hago una pausa para que la tinta no se engolfe
con negros nubarrones.
Mejor sería no escribir, aunque haciéndolo,
domestico el dolor, o eso quisiera.
Los días sin marzo son agrios,
y el sabor en la boca envenena los besos.

HAY COSAS QUE NO SE PUEDEN EXPLICAR

El jardín florecía,
los niños dibujaban garabatos
en la arena. La madre
apenas daba tregua al pecho.
Se acercaban los días luctuosos
tras dos guerras,
cien despertares sin mañana,
mil batallas y obuses
que tajaron la geografía del país
hasta enlutar los rostros
y demoler altares.

Las noticias llegaban de un país lejano.
Nagasaki dormía ajena,
los insectos habían claudicado.
Hiroshima había sido un paraíso de flores.
En Corea preparaban el refrigerio de la muerte.

Las sábanas daban frío,
las estaciones tristeza,
los caminos perdieron el rumbo
y ya nada sería lo mismo.
De la fiesta nupcial y los bautizos
sobrevivieron las fotografías
que se van cuarteando
según las sonrisas se enfrían
y el tiempo se pone serio.

EL EMIGRANTE

Dejó una carta en la puerta
y se fue arrastrando en el recuerdo
de aquellas hilvanadas fotografías.
Sólo su olor triste quedó sobre la cama.

Ella se ancló en el porche
y tejió pacientemente una bufanda
con un sueño ensortijado en las puntadas.

El no volvería. Le atraparon las vallas
fronterizas, las secuelas del alcohol,
una tarde de sangre y cocaína,
o se perdió en el desierto
sin hallar agua.

Ella era oscura, recia, despintada,
con miedos ancestrales en la cama.
Andaba agazapada con sus rezos
como adivinando un golpe inmediato.

Cuando una carta, por fin, llegó,
quemó los ojos en el sobre
que nunca abrió, ya adivinaba.
Y así fue como se fundió en el polvo,
cansada de perdurar, y lloró
siglos de amargura y abandono.

Ella era una india del milenario sur,
de las estepas volcánicas
donde duerme agazapado el grito.

UN PEDAZO DE GENTE

A Devon Rose

Vino al mundo un día de lluvia.
La madre abría el grifo de las lágrimas
y el padre el cosquilleo del pecho.
La recién nacida era un pedacito de gente.

De a poco fue alzándose
sobre sus breves piernas
y repitiendo lo que en el aire oía,
mama, teta, nena, va.
En sus veinte meses era un pedazo de gente.

Conoció el dolor, la gripe,
el sarampión, las amígdalas
y otros males sin nombre
que la postraron en cama
y le enseñaron los gestos del dolor.
Era un pedacito de gente.

En la escuela aprendió a juntar letras
y pronunciar vocablos,
a sentirse parte y recordar
nombres y fechas,
sumar números y restarlos.
No entendía los signos.
En sus breves años era un trocito de gente.

Cuando le llegó la regla se asustó
y no supo a qué dios rezar.

Los que le habían mostrado parecían dioses tristes
clavados en un tablero.
Su confusión era un trocito de mente.

Cuando un muchacho se paró en sus pechos
no supo si sonreír o llorar.
El diálogo se mezclaba
entre el cuerpo y la mente.
Al final se rindió
y la noche fue larga y borrascosa
con luciérnagas y música de Bach.
Su cuerpo era un pedazo de gente.

Pasadas las historias de hadas
y cuentos de héroes,
conoció el sabor de la carne sin sal
y las razones del absurdo.
Parir parecía un milagro
sin origen ni final,
un eslabón más para seguir sumando
otro pedazo de gente.

Al final, no reconoció las señales
ni el sentido de los días
vividos con alegría y dolor,
con sorpresa y fatigas,
con enfermedades y luto.
Se dejó llevar por un cansancio infinito
y supo entonces que era sólo
un pedazo de gente.

CANCIÓN DEL HOSPITAL

A quién plegar
cuando la anestesia cierre mis ojos
y alargue la incertidumbre.
Espero que el corazón no me traicione,
algún día lo hará.
Le pido que avise, odio los imprevistos
y las señales agoreras.

Me duermen sin cansancio,
es la hora.
Cierro los párpados
y me ofrezco a la muerte.
A la vida le dedico veinticuatro horas,
y algunos minutos de propina.
Envejecer no cuesta nada,
la decadencia sigue su senda.
Por eso ando confundido
en una camilla de hospital,
desinfectado y alerta,
con vocación de náufrago.

El alma sigue entonando
su gozosa canción
y apostando por ser ella misma
con un órdago postrero
que alivie los dolores del mundo.

LOS CUATRO SENTIDOS

Los pies caminan en su libre albedrío,
si se paran, tropiezan.
Estoy tan incierto,
disgregado y distante.

Hablo porque si callo enmudezco.
Ya habrá tiempo del largo silencio
que es igual en todos los idiomas.
En verdad no tengo mucho que decir.

Rezo por costumbre, aunque sin dios
a quien encaminar los ruegos.
Los rogatorios vuelan sin hallar reposo.

Escribo por ordenar este batiburrillo
de cuestiones que no entiendo
Intento escribir las palabras con sigilo.

Huelo y, al hacerlo,
recuerdo su perfume de luz,
el pasado en un cuerpo de aroma.

Respiro por costumbre.
Un día se detendrá el portento.

Oler, mirar, sentarse en un parque,
contemplar las buganvillas

y las muchachas en flor
en su mocedad de sonrisas sin dueño.

Duermo y, cuando sueño, recuerdo.
A fin de cuentas ¿no es la vida un sueño
y los sueños, sueños son?

HISTORIA DEL ABUELO

A Javier Gutiérrez

El abuelo era grande
y olía a abuelo.
Su cuerpo era un país
dentro de un país.

Las manos eran dulces,
como su silencio.

Hablaba cuando bebía
y tergiversaba los recuerdos
tropezando en las palabras.

Nació en tierras de secano y un día,
como en la Biblia, se hizo carpintero,
aunque no concibió un hijo celestial
sino tres hembras que le acompañaron
en dos guerras interminables
y muchas penurias.

Eran los años del odio,
la superioridad racial y el anarquismo,
esa enfermedad que sigue visitándonos
sin anunciarse.
No se sabe cuándo llegó a la gran urbe
ni cuando conoció a la que sería
oscura madre de sus hijos.
Tampoco la leyenda cuenta sus amores
en los subsuelos de la ciudad.

Vivió austero
animando los domingos
con vino blanco
de su tierra manchega y cervantina.

El abuelo lloró
pero yo no lo vi llorar.

Cuando se deshacía en migajas
en una cama de hospital
con una peritonitis intratable,
sonreía a las visitas
y daba gracias a la vida.
Se marchó en silencio,
como llegó y vivió,
así lo recuerdo
aunque yo también me olvide.

EL HURACÁN

Una mujer vigilante en la noche,
triste sin sabor.
Un hombre derrumbado
en su varonil persona,
la aorta sesgada
en el momento en que el jardín
rebosaba de frutos.
El vendaval se alzó
en el espesor del músculo
aunque sus pies apuntaban
a un futuro feliz.

"Nadie canta más alto que la muerte".
Permanece el recuerdo del día
retando a la noche sin fin.
La nostalgia destiñe todo lo que toca.
Cuentan que el pasillo se hizo gruta
y en el hondón se oía el eco de los tres golpes:
vida, muerte, amor,
y volver a empezar mientras el bosque
rebrota tras el siniestro.

ALELUYA DE COHEN

"Hallelujah" by Leonard Cohen

Aleluya de Leonard Cohen en Tel-Aviv,
en Londres, un día como otro
con rezos y música,
con pájaros y gentes.
Un día para redactar
un epílogo a la vida que se fue
furiosa, lejana,
vendaval reprimido de deseos,
y una canción.

Aleluya de Cohen,
Life is a piece of work badly written,
excepto en el acto final.
Dos días para meditar,
uno para los rezos,
otro para la blasfemia
sin olvidar el perdón.
Un día ignorado
que concluye con aleluya
o arrepentimiento.

¡Dios, qué cansancio!
pido perdón por lo que no hice,
por los odios y las vidas destruidas,
secretos guardados para la eternidad
y aleluya, aleluya,
otro dibujo de lo que fue el siglo veinte,

antes de derrumbar los bloques
del muro de Berlín,
y los que sostienen mi casa.

LOS POETAS

A Carlos Marzal

Leía y recitaba los versos aprendidos
y eran prodigios en la boca.

Sus voces antiguas,
sabían del resplandor
en la noche de estrellas,
o del dolor de alguna mujer herida
del lado del amor.

Eran sus versos
ritmos y rimas lentos o al galope.
Era un día de esos tristes
porque alguien murió o le murieron,
y no se le pudo llorar.

Los que escriben no estaban,
los que entienden del silencio y el dolor,
los padres y maestros tardaron en llegar,
pero llegaron.

Los nombro cuando preciso de refugio,
los convoco en la mente y en la piel
y les recito de memoria
cuando requiero compañía.

De ellos se alimenta el espíritu,
allí donde fecundan las semillas

las que luego verdean en el alma,
aunque la frente esté cubierta de ceniza.

RECUERDO DE ROMA

A Eliseo Valle, que condujo mis pasos

Ay Roma, sueño que enturbia la garganta,
piedra de ronco andar y calzada que conduce
a alguna ruina.
Llegué como siempre llego,
larga la espera y crecido el deseo.
Permaneceré con las rodillas heridas de los roces
y la mirada rendida por la edad.
Nombraré tus templos,
el Coliseum, los obeliscos,
la Fontana de Trevi y los antiguos parques
donde descansan los suspiros.

Busco entre las gentes
el pedacito de tela y la sandalia.
Las catacumbas narran historias hace tiempo
olvidadas. ¿De quién? ¿A dónde?

Tampoco yo lo sé. Llegué a Roma
porque aquí se juntan los caminos.
La historia mil veces bifurcada
fue dejando huellas y olvidos.
Aunque lo cuenten una y otra vez,
no lo recuerdo.
No es demencia,
es el tiempo con todo su pesado transcurrir.

Mientras, piso las calzadas,
admiro las ruinas y junto hilo a hilo
el sabor del espagueti.
Quizás todo se resuelva en gula,
o en la amistad.

MIS RODILLAS DE TITANIO

A Chris Little

Con dos rodillas proteicas
puedo volver al inicio de mi carrera,
la ruta interminable,
el lugar donde se bifurcan los caminos
y continúan los derroteros.

Estoy próximo al día
en que los pasos pisen lo incierto,
anfibios ciegos en las pozas del mar,
murciélagos que alumbran
con ojos de hielo
la oscuridad eterna.

Quizás por eso me instalé dos rodillas
para caminar en la ruta del poniente,
un tiempo que anticipo de senectud y dudas.

Caminaré paso a paso,
como siempre hice,
con la voluntad del argonauta
y la tozudez del vikingo.

Son de titanio y no caducan.
Alabado sea el que sea alabado
que puso mis pies otra vez en el camino.

LA CONSTANCIA

Una gota muerde con dientes
de hielo la piedra. Su constancia
es la herramienta que taladra
golpe a golpe su destino.

El vuelo del vencejo
es voluntad de viaje.
Sus viajes a ningunas partes
reivindican las alas
y su acción constante
ajena al destino.

El ojo no pueda seguir
sus filigranas
ni detenerse en el golpe seguido
del goteo. ¿Cómo será ser testigo
de lo ajeno? Los días son vigías
por donde pasa el tiempo.

Puesto que dudamos del futuro
con dioses o sin ellos,
que al menos alguien recuerde
algo de lo que no hicimos
y recoja las pobres migajas
de nuestro banquete terrestre.

UN TIEMPO DE CENSURA

Ojo muerto de luna
que alumbra la noche.

Mi primer amor fue un amor ciego
que arrasó con la fuerza de una ola
golpeando la piel y sus contornos.

Abrazado a la inconsciencia
busqué en las habitaciones
el remedio a mi angustia.

Nunca pasé de ser un maltrecho
soñador de imposibles.

Pensando cruzar los mares
quedé anclado en un charco.
No mucho más era mi patria
que censuraba las voces
y doblegaba los cuerpos.

Huérfanos de padre,
sufrimos la mano grande
y un sol de sebo.

Una voz sin sonido
anunciaba el frío de las calles
y el silencio de las habitaciones.

Con el tiempo, la acuarela en el lienzo
se ha ido cuarteando.

NUNCA APRENDÍ A DESPEDIRME

A Margarita Reviriego

Esto es lo que yo veo
en la hora del angélico adiós.

Nunca aprendí a despedirme.
Tanto abrir la puerta y recibir,
extender el abrazo
y ejercitar el encuentro
que se me olvidó el ritual de la despedida.
Voy juntando, por si me olvido,
los trozos de ese universo imperfecto que fui,
no sea que se desparramen
algunos fragmentos y me quede
incompleto frente a ese espejo que me vigila
desde aquel octubre de 1946
o alguna otra fecha feliz.

Siempre quise ser un poco más,
tatuarme en el pecho
el nombre de algún héroe
con espada y antifaz.
Quise amar con un amor perfecto
y nombrarle sin marchitar su nombre
por encima del fango, arriba de las piedras
en mi confuso concierto de adolescencia.

Ensayé ser el inocente
que aprendió a mentir

y se presentó al mundo
con una lámina de bondad
en la frente.
Esa es la doble batalla
que mantengo febril,
con el que soy y el que quisiera.

ÍNDICE